www.ingramcontent.com/pod-product-compliance
Lightning Source LLC
LaVergne TN
LVHW010100061026
849532LV00005BA/1872
* 9 7 8 9 3 5 8 7 2 8 1 0 1 *

دنیا کے دس معروف ممنوعہ ناول

ایک جائزہ

(The top ten banned Novels : A review)

مکرم نیاز

Duniya ke dus maroof mamnua novel : aik jaiza
by: Mukarram Niyaz
Edition: August '2023
Publisher & Printer:
Taemeer Publications LLC (Michigan, USA / Hyderabad, India)

ISBN 978-93-5872-810-1

کتاب	:	**دنیا کے دس معروف ممنوعہ ناول : ایک جائزہ** (The top ten banned Novels : A review)
مرتب / مترجم	:	**مکرم نیاز**
صنف	:	غیر افسانوی ادب
ناشر	:	تعمیر پبلی کیشنز (حیدرآباد، انڈیا)
سالِ اشاعت	:	۲۰۲۳ء
تعداد	:	(پرنٹ آن ڈیمانڈ)
صفحات	:	۴۲
سرورق ڈیزائن	:	تعمیر ویب ڈیزائن

دنیا کے دس معروف ممنوعہ ناول

ایک جائزہ

سنہ ۱۹۷۳ میں جاری کردہ ریاست ہائے متحدہ امریکہ کا ایک قانون "مارون ملر بمقابلہ ریاست کیلی فورنیا" [Miller v. California] فن و ادب میں فحاشی کے موضوع پر ایک امتیازی شناخت رکھتا ہے۔ اس قانون کا مرکزی نکتہ کچھ یوں تھا: "کوئی بھی ادبی یا فنی شہ پارہ اس وقت تک فحش قرار نہیں دیا جا سکتا جب تک یہ ثابت نہ کر دیا جائے کہ مجموعی طور پر وہ سنجیدہ ادبی، جمالیاتی، سیاسی یا سائنسی اقدار سے یکسر عاری ہے۔" انٹرنیٹ کے مقبول دائرۃ المعارف یعنی "وکی پیڈیا" پر اس قانون کی تفصیل اس ویب ایڈریس پر ملاحظہ کی جا سکتی ہے:

https://en.wikipedia.org/wiki/Miller_v._California

اس قانون کے اجرا سے قبل بے شمار ناشرین اور اشاعتی اداروں کو عدلیہ کے مقدمات کا اس وقت سامنا کرنا پڑا جب انھوں نے ایسے فن پاروں کی اشاعت عمل میں لائی جو آج بطور ادبی شاہکار تسلیم کیے جاتے ہیں۔ ذیل میں عالمی ادب کی ان اولین دس مشہور کتب کا ایک عمومی جائزہ پیش ہے جن پر فحش ہونے یا شہوانی جذبات کو بھڑکانے کے الزامات عائد کیے گئے اور ان پر یا ان کے مصنفین پر مختلف عدالتوں میں مقدمے بھی قائم کیے گئے۔

(۱) فینی ہل / جان کلیو لینڈ (۱۷۴۸)

Fanny Hill – John Cleland

"عورت کے لمحات مسرت کی خود نوشت" [Memoirs of a Woman of Pleasure] کے عنوان سے برطانوی ناول نگار جان کلیو لینڈ (پ:۱۷۰۹، م:۱۷۸۹) نے ۱۷۴۸ میں پس زنداں جب خطوط کی شکل میں ایک ۱۵ سالہ لڑکی فینی کی سوانح بطور ناول تحریر کیا تو شاید اسے گمان نہیں تھا کہ ایک دن یہ ناول انگریزی ادب کا پہلا فحش شاہکار قرار پائے گا۔ انگریزی ادب کی تاریخ کی یہ ایسی پہلی تحریر باور کی جاتی ہے جس کے ذریعے فحش نگاری، ناول کی شکل میں پیش کی گئی۔ پھر یہ ناول قانون کی گرفت میں آیا اور آخرکار یہ فحاشی کا مترادف تک قرار پایا۔

ادبی دنیا میں عام طور سے مشہور اس ناول "فینی ہل" کو دو قسطوں میں شائع کیا گیا تھا یعنی نومبر ۱۷۴۸ اور پھر فروری ۱۷۴۹ میں۔ اس کے ناشرین دو بھائی فینٹن گرفتھس اور رالف گرفتھس تھے۔ فوری طور پر تو کوئی حکومتی ردعمل سامنے نہیں آیا لیکن ناول کی اشاعت کے تقریباً ایک سال بعد مصنف کلیو لینڈ اور ناشر رالف گرفتھس کو شاہی حکم پر حراست میں لے لیا گیا۔ الزام یہ عائد کیا گیا کہ انھوں نے بادشاہت کی شبیہ کو بگاڑنے کے جرم کا ارتکاب کیا ہے۔ عدالت میں ناول سے دستبرداری پر جان کلیو لینڈ بہرحال حکومتی سزا سے محفوظ رہے۔ لیکن چونکہ اس مقدمہ سے ناول کی تشہیر ہو چکی تھی لہٰذا، اس کے جعلی ایڈیشن بازار میں پھیل گئے۔ حتیٰ کہ کہا گیا کہ ناول کے آخر میں موجود امرد پرستی کا ایک منظر (جسے ناول کی مرکزی کردار فینی تنفر کے عالم میں دیکھتی ہے)

بطور اضافہ شامل کیا گیا لیکن ۱۹۸۵ کے آکسفورڈ ایڈیشن میں پیٹر صبور نے تصدیق کی کہ یہ منظر ناول کے سب سے پہلے ایڈیشن میں بھی موجود رہا ہے۔

انیسویں صدی میں تو یہ ناول خفیہ طور پر کافی فروخت ہوا۔ لیکن ۱۹۶۳ میں جب ایک اور متنازعہ ناول "لیڈی چیٹرلیز لوور" کا مقدمہ ناکام ہوا تب اشاعتی ادارے مے فلاور بکس کے گیرتھ پاول نے جرأت دکھاتے ہوئے "فینی ہل" کا غیر سنسر شدہ پیپر بیک ایڈیشن شائع کیا۔ اگرچہ اس ناول کی کھلے عام اشاعت سے چند دن قبل ہی پولیس کو اس بابت علم ہو چکا تھا کہ اس نے لندن میں رالف گولڈ کی جانب سے چلائی جانے والی کتابوں کی ایک دکان پر اس کا اشتہار دیکھ لیا تھا۔ پھر ایک پولیس عہدیدار نے ناول کی ایک کاپی خریدی اور اسے علاقے کے مجسٹریٹ سر رابرٹ بلنڈل کے ہاں پہنچا دیا جنھوں نے دکان کی تلاشی کا وارنٹ جاری کیا۔ نتیجے میں دیگر پولیس عہدیدار وارد ہوئے اور دکان میں موجود ۱۷۱ کاپیوں کو ضبط کرتے ہوئے دکان مالک رالف گولڈ کو فحاشی ایکٹ سیکشن نمبر ۳ کے تحت حراست میں لے لیا۔ حالاں کہ اس وقت تک اس ناول کی ۸۲ ہزار کاپیاں فروخت ہو چکی تھیں۔ عجیب بات تو یہ رہی کہ ناول "فینی ہل" یا اشاعتی ادارے "مے فلاور" کی جگہ دکان مالک رالف گولڈ پر مقدمہ دائر کیا گیا، گو کہ مے فلاور نے ہی قانونی اخراجات ادا کیے تھے۔ مقدمہ ۱۹۶۴ میں شروع ہوا۔ مدعی علیہ کا کہنا تھا کہ یہ ناول عمومی جنسیت کی مثال ہے جو واہیات تو ہو سکتی ہے لیکن اسے فحش نہیں کہا جا سکتا۔ مگر استغاثہ نے ناول کے بعض عبارتی حوالوں کے ساتھ مدعی علیہ کی بات کو غلط ثابت کرتے ہوئے مقدمہ میں فتح حاصل کی۔ مے فلاور نے اپنی ناکامی پر کوئی اپیل نہ کرنے کا فیصلہ کیا۔ البتہ اس مقدمہ نے فحاشی کے قوانین اور معاشرتی حقائق کے درمیان بڑھتے ہوئے تفاوت کو

نمایاں کرنے میں موثر کردار ادا کیا تھا۔ پھر ۱۹۷۰ میں اس ناول کا ایک غیر سنسر شدہ ایڈیشن دوبارہ شائع کیا گیا۔

۱۸۲۱ میں ریاست ہائے متحدہ امریکہ میں اس ناول پر شہوانی جذبات کے فروغ کے الزام میں پابندی لگا دی گئی تھی۔ ۱۹۶۳ میں پبلشر پوتنام نے اصل مصنف کے نام سے "عورت کے لمحات مسرت کی خودنوشت" کو جیسے ہی شائع کیا، فوراً ہی اس پر پابندی عائد کر دی گئی جسے ناشر نے عدالت میں چیلنج کر دیا۔ پھر ۱۹۶۶ کے اپنے تاریخ ساز فیصلے میں امریکا کے سپریم کورٹ نے واضح کر دیا کہ یہ ناول روتھ کے قائم کردہ فحش نگاری کے معیار پر پورا نہیں اترتا۔ اس کے بعد ۱۹۷۳ میں "ملر ٹسٹ" نافذ العمل ہوا جس کے نتیجے میں "فینی ہل" پر عائد پابندی اٹھا لی گئی۔ کہا گیا کہ اگرچہ یہ ناول شہوت انگیزی میں دلچسپی رکھنے والوں کو زیادہ متوجہ کرتا ہے، لیکن کلی طور پر یہ ادبی یا فنکارانہ اقدار سے محروم نہیں ہے۔ فنون لطیفہ کے مشہور تاریخ داں جوہان ونکل مین نے اپنے ایک خط میں ناول کی تحسین کرتے ہوئے لکھا کہ "نفیس احساسات اور اعلیٰ خیالات اس ناول میں ایک بلند پایہ قصیدے کی شکل میں بیان ہوئے ہیں۔"

(۲) مادام بوویری / گستاف فلابیئر (۱۸۵۷)

Madam Bovary – Gustave Flaubert

فرانسیسی ادیب گستاف فلابیئر (پ:۱۸۲۱، م:۱۸۸۰) کا ادبی شاہکار "مادام بواری" جب ۱۸۵۷ میں اشاعت پذیر ہوا تو اس قدر تنازع پھیلا کہ مصنف کو اس ضمن میں عدالتی مقدمہ کا سامنا کرنا پڑا گو کہ بعد میں گستاف فلابیئر بری بھی ہو گئے۔

"مادام بواری" کا مرکزی خیال کچھ یوں بیان کیا جاتا ہے کہ تصوراتی رومان کی دلکش وادیاں، ناول کی ہیروئین اور اس کے شوہر کو زوال پذیر کر دیتی ہیں۔ جب کہ اسی ناول پر بنی فلم کی شروعات میں، خود فلابیئر کا کردار نبھانے والے جیمز میسن کو، ناول کے مرکزی خیال کا دفاع کرتے ہوئے بتایا گیا تھا۔

توہین مذہب اور عوامی اخلاقی قدروں کو مجروح کرنے کے الزام میں مصنف، پبلشر اور پرنٹر کے خلاف عدالت میں کیس داخل کیا گیا تھا لیکن استغاثہ کی مجبوری یہ تھی کہ کمرۂ عدالت میں کسی نے بھی اس ناول کا مطالعہ نہیں کیا تھا، یوں استغاثہ اس بات کو ثابت کرنے سے معذور تھا کہ ناول کا مواد کس طرح زناکاری کو ترویج دینے والا اور شادی کے بندھن کے تقدس کو پامال کرنے والا تھا؟

ناول میں جو زبان استعمال کی گئی تھی وہ حقیقتاً لچرپن پر مبنی تھی اور "مادام بواری" سے قبل کسی اور ناول میں جنسی اعمال و افعال کی تفصیل اس قدر کھل کر کبھی بیان نہیں کی گئی تھی۔ مصنف قاری کو دوران مطالعہ ان جگھوں تک بھی لے جاتا ہے جہاں وہ اس سے پہلے کبھی نہ گئے ہوں گے۔ لوگوں کا خیال تھا کہ ایسی زبان و بیان پر پابندی عائد کی جائے

کیونکہ یہ زناکاری کو فروغ دینے کا سبب ہے، جب کہ دوسری طرف یوں محسوس ہوتا تھا جیسے مصنف اس عمل کو تقدیس کا درجہ دے رہا ہو۔

زناکاری کو تقدیس کا درجہ دینے والا نظریہ، ہرچند کہ عدالتی مقدمہ میں مرکزی نکتہ ٹھہرایا گیا تھا مگر سب سے بڑا مسئلہ یہ تھا کہ ناول کی ہیروئن نے اپنے گناہوں پر کبھی کسی پشیمانی کا اظہار نہ کیا تھا۔ "روڈولف کے ساتھ پہلی ملاقات کے بعد ایما اپنے گھر واپس لوٹی اور اس نے اپنے سراپے کا آئینے میں جائزہ لیا تو اپنے آپ کو یہ کہنے سے نہ روک سکی :"میرا ایک چاہنے والا ہے... ایک چاہنے والا!" عالم بے خودی میں وہ ان لمحات مسرت کو اپنا حق سمجھ رہی تھی جس کے لیے وہ عرصہ دراز سے بے چین تھی۔ وہ ایک ایسے شاندار تجربے سے گذرنے والی تھی جو جذبات سے بھرپور، ولولہ انگیز اور آسمان کی بے پایاں وسعتوں کی طرح کشادہ تھا۔ جذبات کی بلندیاں اس کے خیالات سے آب و تاب کی طرح چمک رہی تھیں" (ص:۱۶۳)۔

"ایما نے اپنی محبت کی عظمت اور محبوب کے حصول کے اظہار کو خاوند پر ترجیح دی۔ حسن و نزاکت کے لیے چہرے پر کولڈ کریم یا رومال میں خوشبو کے بجائے اسے صرف اپنے محبوب کا خیال ہی کافی تھا۔" (ص:۱۸۵) ظاہر ہے کہ معاشرے کو ایسا رویہ قبول نہیں تھا کہ شادی کے مقدس بندھن کو داغدار کرتے ہوئے زناکاری کے جذبات کی یوں کھلے عام ترویج کی جائے لہذا ناول کے خلاف شور و غوغا بلند ہو گیا۔ عوام ایک انجانے خوف سے لرزاں تھے اور چاہتے تھے کہ اس قسم کے نئے ادب کا دروازہ نہ کھولا جائے۔

بالآخر مقدمہ میں "مادام بواری" ہی کو فتح حاصل ہوئی۔ گستاف فلابیئر اور ناول کے ناشر کو تمام الزامات سے بری کرتے ہوئے کسی بھی قسم کے جرمانے کی ادائیگی سے بھی

آزاد کیا گیا۔ یہ فیصلہ ایک معنوں میں فلابیئر اور دنیا کے دیگر مصنفین کے لیے فتح کی نوید تھا۔ اس مقدمے میں آزادیٔ اظہار رائے کی فتح نے ادب کے لیے تمام بند دروازے وا کر دیے کہ ادب حقیقی طور پر کسی بھی چیز کے متعلق ہو سکتا ہے اور کہانی کی ایسی تمام جزوی تفصیلات سے قاری کو مطلع کر سکتا ہے جو اس کے علم کو شعور کا احساس دے سکیں۔

اگرچہ گستاف فلابیئر نے مقدمہ جیت لیا تھا مگر متوسط طبقے کے خلاف دل میں پوشیدہ اپنے بغض کو وہ کبھی دور نہ کر سکا۔ اسی بغض کا اظہار اس نے اپنی سوانح کے اس حصے میں بھی کیا ہے جس میں اس نے "مادام بواری" کے مقدمے کی تفصیل لکھی ہے۔ فلابیئر نے اس ناول کو لکھنے میں پانچ سال کا عرصہ لگایا تھا مگر وہ تاعمر اس ناول کی شہرت سے خوش نہ ہو سکا جس نے اس کے دیگر کاموں کو بالکلیہ دھندلا کر کے رکھ دیا تھا۔

یہ بات شاید دلچسپی سے خالی نہ ہو کہ اسی ناول کی بنیاد پر انگریزی میں تو پانچ مرتبہ فلم بنائی گئی لیکن ہندی میں بھی معروف بالی ووڈ ہدایت کار کیتن مہتا نے دیپا ساہی، فاروق شیخ اور شاہ رخ خان کو لے کر ۱۹۹۳ میں "مایا میم صاب" بنائی تھی۔

(۳) گناہ کے پھول / چارلس بادلیئر (۱۸۵۷)

The Flowers of Evil - Charles Baudelaire

فرانسیسی زبان کے معروف اور متنازعہ شاعر چارلس بادلیئر (پ:۱۸۲۱، م:۱۸۶۷) نے اپنے ایک ناشر دوست کی اعانت سے ۱۸۵۷ میں اپنا وہ شعری مجموعہ (بعنوان: Les fleurs du mal) شائع کروایا جس نے فرانسیسی معاشرے میں گویا ہلچل پیدا کر دی۔ نظموں کے کچھ موضوعات جیسے کہ غیر اخلاقی و غیر قانونی تعلقات، شہوانی جذبات، عصمتوں کا سودا وغیرہ جو کہ بظاہر جنسیت پر مبنی اور اہانت آمیز محسوس ہوتے تھے، ادبی دنیا کے ناقدین کا نشانہ بنے۔ ہر چند کہ بعض نقادوں نے ان نظموں کو "جذبات، فن اور شاعری" کے شاہکار قرار دیے۔ بادلیئر کے خلاف مقدمہ کی قیادت کرنے والے جج ہابس نے فرانس کے مشہور روزنامے "لی فگارو" میں لکھا: "اس شاعری میں ہر وہ چیز جو عیاں ہے، وہ سمجھ سے باہر ہے اور جو قابل فہم ہے، وہ متعفن ہے۔"

بادلیئر کی زندگی بچپن ہی سے اس کے لیے پیچیدہ اور تکلیف دہ رہی۔ والد کی موت کے بعد اس کی ماں نے ایک آمرانہ مزاج اور سخت ڈسپلن کے حامل مرد سے شادی کر لی تھی جس نے بادلیئر کا جینا حرام کر دیا۔ اس کے باوجود اپنی ماں سے بادلیئر کا جذباتی لگاؤ تاعمر قائم رہا اور ماں کی اخلاقی تربیت کے سائے اس پر زندگی بھر اثر انداز رہے۔ ماں کے نام اپنے ایک خط میں ناقدین کے اعتراض کا جواب دیتے ہوئے بادلیئر نے لکھا تھا:

"آپ جانتی ہیں کہ میرا ہمیشہ سے یہ خیال رہا ہے کہ ادب اور فنون لطیفہ مروجہ اخلاقیات سے ماورا ہوتے ہیں۔ تخیل اور اسلوب کی خوبصورتی میرے لیے کافی ہے۔

لیکن یہ کتاب، جس کا عنوان ہی سب کچھ کہنے کے لیے کافی ہے، ایک سرد اور پر آشوب خوبصورتی کو اپنے اندر سمیٹے ہوئے ہے۔ اس کی تخلیق میں گرم جذبات اور صبر و تحمل کا مادہ استعمال ہوا ہے، اس کی مثبت قدروں کا ثبوت تو وہی گناہ ہیں جن کو یہ کتاب بیان کرتی ہے... میرے ناقدین میرے رد میں مجھے تخلیقیت کی روح سے عاری بتاتے ہوئے یہ تک کہہ جاتے ہیں کہ میں فرانسیسی زبان کی باریکیوں سے ناواقف ہوں، میں ان کی واہیات تنقید اور تبصروں کو خاطر میں نہیں لاتا، کیونکہ مجھے معلوم ہے کہ ایک دن یہ کتاب اپنی اچھائیوں اور برائیوں سمیت باشعور قارئین کے ذہنوں میں محفوظ ہو جائے گی، بالکل ویسے ہی جیسے وکٹر ہیوگو، گیوٹیر اور حتیٰ کہ لارڈ بائرن کی بہترین نظمیں عوامی یادداشت میں محفوظ ہیں۔"

عوامی اخلاقیات کو پامال کرنے کے جرم میں بادلیئر اور اس کتاب کے پرنٹر اور پبلشر پر مقدمہ چلایا گیا اور ان پر جرمانے عائد کیے گئے، مگر بادلیئر کو زنداں میں قید کرنے سے احتراز کیا گیا۔ "گناہ کے پھول" نامی اس شعری مجموعے سے ۶ نظمیں حذف کرا دی گئیں۔ لیکن بعد میں یہی چھ نظمیں علیحدہ طور سے ۱۸۶۶ میں اشاعت پذیر ہوئیں۔ بادلیئر کی حمایت میں سینکڑوں ادبی شخصیات نے اس مقدمہ اور سزا کے خلاف آواز اٹھائی۔ حتیٰ کہ وکٹر ہیوگو نے بادلیئر کو لکھا تھا: "تمہارا یہ شعری مجموعہ ادبی منظرنامے پر ستاروں کی طرح چمک اور دمک رہا ہے... میں اپنی تمام تر قوت کے ساتھ تمھاری عظیم روح کو سلام کرتا ہوں!"

بادلیئر نے اس فیصلے کے خلاف کوئی اپیل نہیں کی لیکن پھر بھی اس کا جرمانہ کم کر دیا گیا تھا۔ تقریباً ۱۰۰ سال بعد، ۱۱ مئی ۱۹۴۹ کو بادلیئر کے خلاف جاری فیصلے کو سرکاری سطح پر

واپس لیا گیا اور اس کی ٦ نظموں پر لگائی گئی پابندی کو بھی ختم کر دیا گیا۔ اور یوں بادلیئر کی پیشین گوئی سچ ثابت ہوئی کہ اس کی وفات کے بعد ہی اس کی ادبی تخلیقات کا مستحسن اعتراف کیا جائے گا۔

(۴) یولیسس ر جیمس جوائس (۱۹۱۸)

Ulysses - James Joyce

۱۹۲۲ میں آئرش شاعر اور ناول نگار جیمس جوائس (پ:۱۸۸۲، م:۱۹۴۱) کے ناول "یولیسس" کی ۵۰۰ کاپیوں کو نذر آتش کرتے ہوئے امریکا کے محکمہ ڈاک نے اس ناول کو درآمد کرنے کی کوششیں ناکام بناڈالی تھیں اور عدالت نے بھی اس ناول کے خلاف ہی فیصلہ سنایا۔ درحقیقت اس ناول کے خلاف مقدمہ کی سماعت ۱۹۲۱ میں اس وقت شروع کی گئی، جب نیویارک سوسائٹی (برائے انسداد غیر اخلاقی عادات) کے جان سمنر اور ان کے حامیوں نے ایک ایسا مختصر مضمون ضبط کیا جس میں متذکرہ بالا ناول کا جائزہ لیتے ہوئے ناول کا ایک باب بھی شامل کیا گیا تھا۔ رسالے کے مدیران مارگریٹ ہیڈ اور جین ہیپ، مقدمہ میں مدعی علیہان کی حیثیت سے شریک ہوئے۔ گواہان کی حیثیت سے بیان دیتے ہوئے ادیب جان کاؤپر اور فلپ موئلر نے تسلیم کیا کہ جیمس جوائس کا اسلوب تحریر عام آدمی کے لیے خاصا مبہم ہے، لیکن اس بیان کے باوجود عدالت نے متذکرہ ناول اور تجزیاتی مضمون کے خلاف ہی فیصلہ دیا۔

۱۹۳۲ تک اس ناول کی جعلی اور غیر قانونی کاپیاں شائع ہوتی رہیں اور ان پر کوئی کاروائی نہیں کی گئی۔ پھر ۱۹۳۲ میں ہی محکمہ کسٹم کے عہدیداران نے ایک تقسیم کار ادارہ "رینڈم ہاؤس" کو ارسال کی گئی ناول کی کاپی ضبط کرلی اور فیصلہ دیا کہ یہ ناول ۱۹۳۰ کے "ٹیرف قانون" کے تحت فحاشی کے ذیل میں آتا ہے۔ ناشر نے عدالت میں مقدمہ کی سماعت کے دوران مطالبہ کیا کہ "ٹیرف قانون" کے تحت ناول کا مکمل جائزہ لے کر اس پر

لگائی پابندی اٹھائی جائے۔ رینڈم ہاؤس نے بھی اسی ضمن میں مطالبہ کیا کہ کتاب کے مکمل متن کے وسیع تناظر میں قابل اعتراض حصوں کا جائزہ لیا جانا چاہیے۔ یہ مقدمہ "ریاست ہائے متحدہ امریکا بمقابل ایک کتاب بعنوان یولیسس" کے نام سے معروف ہوا۔ جج جان وولسے نے ناول پر عائد فحاشی کے دعویٰ کو رد کرتے ہوئے فیصلہ دیا کہ: "غیر معمولی بے تکلفانہ اسلوب کے باوجود شہوت پرستانہ جذبات یا ہوس پر مبنی خواہشات کو فروغ دینے والا امر میں نے اس ناول میں کہیں بھی موجود نہیں پایا، لہٰذا یہ ناول فحاشی کے زمرے میں نہیں آسکتا۔"

جج کا مزید کہنا تھا کہ: "ناول کی زبان اور موضوع بطور خاص اسی قوم سے متعلق ہے جس کو مصنف نے بیان کیا ہے اور یہ کوئی خراب بات نہیں، اگر اس قوم کے افراد کے ذہنوں میں جنس کا ویسا ہی تاثر ابھرتا ہو جیسے تحریر کیا گیا ہے۔ اور میں نہیں سمجھتا کہ ایک عام آدمی پر اس کے کوئی برے اثرات ظاہر ہوتے ہوں۔"

"کچھ عبارات سے گو کہ ناموزوں لہجہ ظاہر ہوتا ہے مگر یہ انھی الفاظ کا قصور ہے۔ جب کہ ایک ایک لفظ اس تصویر میں ایسے جڑا ہے جیسے کسی تصویر میں مختلف رنگوں کے ذریعے جزیات نگاری کی جا رہی ہو۔" حکومت امریکا نے نیویارک کی وفاقی عدالت کے اس فیصلے کے خلاف ایک گشتی عدالت میں دوبارہ مقدمہ دائر کیا، جس پر ججوں نے پہلے والے فیصلے کو ہی برقرار رکھا۔ گشتی عدالت کے ججوں نے اپنے اکثریتی فیصلے میں کہا کہ: "ہم سمجھتے ہیں کہ خلوص نیت سے تحریر کی جانے والی کتاب "یولیسس" ایک تخلیقی فن پارہ ہے اور یہ ہوس یا نفسانی خواہشات کو فروغ دینے کے اثرات سے پاک ہے۔"

اس فیصلے کے خلاف سپریم کورٹ میں اپیل کرنے سے حکومت نے خود کو باز رکھا

اور اس طرح حکومت اور اس کے خلاف مزاحمتی ادبی اداروں کی ایک عشرہ طویل جنگ کا اختتام عمل میں آیا۔ اسی کے ساتھ معاشرتی اخلاق کی تبلیغ و ترویج کی حامل تنظیموں اور ناشرین کے درمیان بھی مفاہمت کی راہ ہموار ہوئی۔ عدالتی فیصلے کا مجموعی تاثر یہ تھا کہ کسی کتاب کے فحش ہونے کا فیصلہ چند مخصوص عبارات یا جزو تحریر کے بجائے مکمل کتاب کے متن کو مد نظر رکھ کر کیا جانا چاہیے۔ یعنی اگر کتاب مجموعی طور سے مفید ہے مگر اس کے چند حصے نمایاں طور پر فحش تو ہوں لیکن غیر متعلق نہ ہوں تب اس کتاب کو فحش نہیں قرار دیا جا سکتا۔

جسٹس اگسٹس ہینڈ کے مطابق: "ہمارا ایقان ہے کہ منصفانہ فیصلہ اسی وقت ممکن ہے جب یہ معلوم ہو جائے کہ کتاب کے غالب اثرات کس قسم کی نشاندہی کرتے ہیں (یعنی کیا مکمل کتاب پڑھنے پر ایسا تاثر ابھرتا ہے کہ فحاشی و عریانی کا فروغ مقصود و مطلوب ہے ؟) کتاب کے حقیقی موضوع سے قابل اعتراض حصوں کے تعلق کو جانچنے کے لیے عصر حاضر کے معتبر ناقدین کی گواہی لی جائے گی اور اگر کتاب قدیم ہو تو پھر اس پر دیے گئے ماضی کے فیصلوں سے استفادہ کیا جائے گا تاکہ فحاشی کے خلاف وارنٹ جاری کرنے کے بجائے ادبی شاہکاروں کے بلند مقام کا تعین کیا جا سکے۔"

اس فیصلے کا معنی خیز نتیجہ یہ نکلا کہ جج اور وکلا کسی کتاب کی مخصوص عبارات کے بجائے مکمل کتاب کے مطالعے پر مجبور ہو گئے۔ اور اس فیصلے کے ساتھ ہی جیمس جوائس کی "یولیسس" کو ریاست ہائے متحدہ امریکہ میں داخلے کی اجازت بھی مل گئی۔

(۵) لیڈی چیٹرلی کا عاشق / ڈی ایچ لارنس (۱۹۲۸)

Lady Chatterley's Lover - D.H. Lawrence

شاید یہ بات تعجب خیز لگے کہ آج سے تقریباً نصف صدی قبل (یعنی ۱۹۶۰ میں) بیسویں صدی کے مشہور برطانوی ناول نگار، شاعر، ڈرامہ نگار، نقاد اور مصور ڈی۔ ایچ۔ لارنس (پ:۱۸۸۵، م:۱۹۳۰) کا متنازعہ ترین ناول "لیڈی چیٹرلی کا عاشق" برطانیہ میں شائع ہوا اور قانونی طور پر برسرعام فروخت بھی کیا گیا تھا۔ حالاں کہ یہ وہی ناول تھا جو سب سے پہلے ۱۹۲۸ میں اٹلی میں جب شائع ہوا، تو برطانیہ نے اس پر فحش ہونے کے سبب پابندی عائد کر دی تھی۔

۱۹۶۰ کے دوران جب برطانیہ میں ناول "لیڈی چیٹرلی کا عاشق" شائع ہوا تو اس وقت کی بی۔بی۔سی کے مطابق، اس کی فروختگی کا ریکارڈ بائبل کی فروختگی سے بھی آگے بڑھ گیا تھا۔ اشاعت کے فوری بعد ۲ لاکھ نسخے فروخت ہوئے اور ایک سال کے اختتام پر یہ تعداد ۲۰ لاکھ تک جا پہنچی۔ لندن کی سب سے بڑی کتابوں کی دکان ڈبلیو۔ جی۔ فوئل کے مطابق ناول کے ۳۰۰ نسخے تو صرف پندرہ منٹ کے اندر اندر فروخت ہوئے اور مزید ۳ہزار نسخوں کا آرڈر بھی انھیں اسی وقت حاصل ہوا۔ پھر جب دوسرے دن دکان کھلی تو تقریباً ۴۰۰ مرد حضرات دکان کے باہر کھڑے ناول کے اس غیر سنسر شدہ نسخے کو خریدنے کے منتظر تھے۔ مشہور بک اسٹورز ہیچرڈز، پکاڈلی اور سلفر سے بھی منٹوں میں ناول کے تمام نسخے خرید لیے گئے تھے۔ اس موقع پر ٹائمز اخبار کے ترجمان نے اپنے ایک بیان میں کہا کہ: "ناول کی خریداری کے لیے یہاں اس وقت اتنا شور و غل مچا ہے کہ اگر

میرے پاس ۱۰ ہزار نسخے بھی ہوں تو شاید یہ بھی چند لمحوں میں فروخت ہو جائیں۔"

اس طرح یہ ناول اس دور میں اپنی مقبولیت کی اس انتہا پر جا پہنچا تھا جہاں اس کی طلب میں روز بہ روز اضافہ ہو رہا تھا۔ حالاں کہ اٹلی میں ۱۸۲۸ کی پہلی دفعہ کی اشاعت پر، عریانی و فحاشی کے سبب اس کا داخلہ برطانیہ میں ممنوع قرار دیا گیا تھا، البتہ حد سے زیادہ صفحات کو سنسر کیے جانے کے بعد اس کا ایک محدود تعداد کا ایڈیشن برطانیہ میں جاری ہوا۔ انسانی مخصوص اعضا کے نام اور مباشرت کے اعمال و افعال پر مبنی الفاظ، اس ایڈیشن سے حذف کر دیے گئے تھے۔ یہ ماحول اس وقت تبدیل ہوا جب ۱۹۵۹ میں فحاشی سے متعلق اشاعتی قانون [Obscene Publications Act] متعارف کروایا گیا۔ اس قانون کے مطابق اگر کسی کتاب میں کچھ فحش مواد ہو مگر مجموعی طور پر اس کتاب سے سماجی معاشرتی فوائد کا حصول ممکن ہو تو ایسی کتاب بلا روک ٹوک شائع کی جاسکتی ہے۔

اسی قانون نے معروف اشاعتی ادارے پینگوئین بکس کو حوصلہ دلایا کہ وہ اس قانون کی افادیت کی جانچ کی خاطر "لیڈی چیٹرلیز لور" کا غیر سنسر شدہ ایڈیشن شائع کرے۔ یوں مصنف کی وفات کی تیسویں برسی (۱۹۶۰) کے موقع پر پینگوئین بکس نے ناول کے دو لاکھ نسخے شائع کر دیے۔ اس کے باوجود اکتوبر ۱۹۶۰ کے بدنام زمانہ عدالتی مقدمے میں ناشر کو طلب کر لیا گیا۔ وکیل دفاع مائیکل روبنسٹین نے نہایت ہوشیاری سے ۳۰۰ سے زائد معتبر شخصیات مثلاً ٹی۔ ایس۔ ایلیٹ، ڈورس لیسنگ، آلڈس ہکسلے، ڈیم ربیکا ویسٹ و نیز دیگر معروف ادیب، صحافی، اساتذہ، سیاست داں، ٹیلی ویژن کی مشہور شخصیات اور فنون لطیفہ کے ماہرین وغیرہ سے رابطہ کر کے انھیں اس مقدمے میں ناول کے حق میں گواہی پر راضی کر لیا۔ کئی ادیبوں نے براہ راست مائیکل روبنسٹین کو خط لکھ کر اپنے تعاون کا یقین دلایا۔ ذیل میں انہی چند خطوط کی عبارات پیش ہیں۔

ای۔ ایم۔ فوسٹر نے اپنے پیغام میں لکھا تھا: "لیڈی چیٹرلی کا عاشق" بیسویں صدی کے ایک معروف ناول نگار کی جانب سے تحریر کردہ ایک اہم ادبی شاہکار ہے۔ مجھے حیرت ہے کہ اس ناول پر کیوں اور کیسے مقدمہ چلایا جا سکتا ہے؟ اور اگر اس ناول کی مذمت بھی کی گئی ہو تو پھر ہمارا ملک یقینی طور پر امریکا اور دیگر ممالک میں مضحکہ خیزی کا نشانہ بنے گا۔ میں نہیں سمجھتا کہ یہ ناول فحش ہے۔ لیکن مجھے کچھ کہنے میں اس لیے تردد ہے کہ میں "فحاشی" کی قانونی تعریف سے کبھی مطمئن نہیں ہو سکا۔ قانون کہتا ہے کہ فحاشی، بد چلنی اور بد عنوانی کی راہ پر لے جاتی ہے مگر مجھے ایسی تعریف سے اتفاق نہیں۔ یہ ناول نہ تو فحش ہے اور نہ شہوت انگیزی کی ترغیب دلاتا ہے، حتیٰ کہ جتنا میں مصنف کو جانتا ہوں، اس بنیاد پر کہہ سکتا ہوں کہ ناول کو تحریر کرتے وقت اس کے دل میں شہوت یا فحاشی کے فروغ کی نیت یقیناً نہیں رہی ہوگی۔

گراہم گرین نے ۲۲ اگست ۱۹۶۰ کو تحریر کیا: "میرے نزدیک یہ فیصلہ انتہائی نامعقول ہے کہ اس کتاب پر فحاشی کا الزام دھرا جائے۔ لارنس کی نیت اور اس کا رجحان تو یہ تھا کہ محبت کے جنسی پہلو کو قدرے بالغانہ انداز میں بیان کیا جائے۔ میں یہ تک تصور نہیں سکتا کہ کوئی نابالغ ذہن محض جنسی لطف کشید کرنے کی غرض سے اس ناول کا مطالعہ کرے گا۔ ہر چند کہ میرے نزدیک یہ معاملہ کچھ پیچیدہ ہے کہ ناول کو تحریر کرنے کی غرض و غایت کتنی کامیاب رہی، اس کے باوجود ناول کے کچھ حصے مجھے فضول محسوس ہوتے ہیں اور اسی سبب میں اس مقدمہ میں بطور گواہ پیش ہونے سے معذور ہوں اور خاص طور پر اس وقت جب میری کسی گواہی سے مدعی علیہ (پینگوئین بکس) کے موقف کو کوئی نقصان پہنچے۔"

۱۹ اکتوبر ۱۹۶۰ کو آلڈس ہکسلے یوں رقم طراز ہوئے: "لیڈی چیٹرلی کا عاشق" بنیادی

طور پر ایک نہایت مفید کتاب ہے۔ جنسیت کے پہلو کو جس خوبی سے بیان کیا گیا ہے، وہ حقیقت افروز اور موسیقی ریز ہے۔ اس میں نہ ہوسناکی ہے اور نہ شہوت کی ترغیب دلانے والے وہ جذبات بیان ہوئے ہیں جو کمتر درجے کے ناولوں اور کہانیوں میں ہمیں اکثر و بیشتر پڑھنے کو ملتے ہیں۔ اس ناول کے مصنف نے اگر ایسے الفاظ کا استعمال کیا ہے جو قدامت پرست معاشرے میں معیوب سمجھے جاتے ہیں اور اسی بنیاد پر اس ناول پر پابندی عائد کی جاتی ہے تو یہ یقیناً بے وقوفی کی انتہا ہے۔"

ہندوستان میں بھی ایک کتب فروش رنجیت ادیشی نے جب ۱۹۶۴ میں اس ناول کا غیر سنسر شدہ نسخہ شائع کیا تو انڈین پینل کوڈ قانون:۱۷ کے سیکشن:۲۹۲ (برائے فحش کتب فروختگی) کے زیر تحت اس کتب فروش پر مقدمہ دائر کر دیا گیا تھا۔ یہ مقدمہ یعنی "رنجیت ادیشی بمقابل ریاست مہاراشٹر" سپریم کورٹ کے تین ججوں کے سامنے پیش ہوا، جہاں جسٹس ہدایت اللہ نے کسی کتاب میں موجود قابل اعتراض فحش مواد جانچنے کے امتحانات (مثلاً: ہکلین ٹسٹ) کو بطور تسلیم شدہ مملکتی معیار قرار دیا۔ ناول پر پابندی کی حمایت میں عدالت کا فیصلہ کچھ یوں بیان کیا گیا: "ہم نے ناول کے قابل اعتراض حصوں کا علیحدہ سے اور کتاب کے مجموعی متن کو سامنے رکھ کر دونوں طرح سے جانچ پڑتال کی ہے اور ہرچند کہ یہ ہمارے معاشرے کے اخلاقی اقدار کے دائرے میں ہے، اس کے باوجود ذاتی مفاد سے پرے ہمارا فیصلہ ہے کہ اس ناول پر پابندی اس وقت تک برقرار رہے گی تاوقتیکہ متذکرہ "ہکلین ٹسٹ" کے اصولوں پر یہ پورا نہ اترے۔"

(۶) تنہائی کا کنواں / ریڈکلف ہال (۱۹۲۸)

The Well of Loneliness – Radclyffe Hall

برطانوی شاعرہ و ادیبہ (پ:۱۸۸۰، م:۱۹۴۳) ریڈکلف ہال کے تحریر کردہ آٹھ ناولوں میں سے "تنہائی کا کنواں" نامی ناول نے سب سے زیادہ شہرت اس لیے حاصل کی کہ بقول شخصے یہ ناول، نسوانی ہم جنسیت (lesbianism) کے متنازعہ موضوع پر مبنی تھا۔ ناول میں مصنفہ نے نسوانی ہم جنسیت کو ایک قدرتی تناظر میں دیکھنے کی درخواست کرتے ہوئے اس موضوع سے رواداری برتنے کا مشورہ دیا تھا۔

ناول کا مسودہ جب اشاعت کے لیے روانہ کیا گیا تو تین ناشرین نے اسے رد کر دیا تھا جب کہ جوناتھن کیپ نامی ناشر نے اسے تجارتی سطح پر منفعت بخش خیال کرتے ہوئے ۲۷ جولائی ۱۹۲۸ کو اس کی ۱۵۰۰ کاپیاں شائع کیں اور اس کی قیمت ایک اوسط ناول کی قیمت سے دوگنی مقرر کی تاکہ سنسنی خیزی کے متلاشی قارئین کی توجہ اس ناول پر مرتکز نہ ہو سکے اور یوں معاشرے میں اس ناول کے خلاف پابندی کی تحریک شروع نہ ہو۔

ناول کی اشاعت کے بعد اس پر مختلف آرا سامنے آئیں۔ کچھ ناقدین نے اسے اکتا دینے والی تبلیغ کے مترادف قرار دیا تو چند ایک نے ناول کی کمزور بنت و ہیئت کو نشانہ بنایا۔ اس کے باوجود ناقدین کی اکثریت نے ناول کے بنیادی موضوع کو اخلاص نیت کے ساتھ فنی طور پر برتنے کی تحسین و تعریف کی۔ لیکن سب سے زیادہ سخت رد عمل اخبار "سنڈے ایکسپریس" کے مدیر جیمس ڈگلس کی جانب سے سامنے آیا جو معاشرے میں اخلاقیات کے علمبردار کی حیثیت سے سرگرم عمل تھا۔

۱۹اگست ۱۹۲۸ کے سنڈے اکسپریس میں کیے گئے اپنے تبصرے بعنوان "ایک کتاب۔ جسے ممنوع قرار دیا جانا چاہیے "میں اس نے لکھا تھا:"جس چابکدستی اور چالاکی سے منفی خیالات کو اس ناول میں پیش کیا گیا ہے، وہ ایک بڑے اخلاقی خطرے کی نشانی ہے۔ سفاک معاشرے سے خارج شدہ افراد کی طرف سے جاری یہ ایک ایسا تخیل ہے جس میں اخلاقی انحطاط کو پرفریب باطنی تاویلات کے ذریعے عظمت و تمکنت کا وقار عطا کیا گیا ہے۔ بدکرداری پر خوشنما جذبات کا پردہ ڈالتے ہوئے اس کا جواز یوں پیش کیا گیا ہے کہ ہم اس سے بچ نہیں سکتے۔ "اس تبصرے کے بعد ایک معنوں میں جیمس ڈگلس نے اس ناول پر پابندی عائد کرنے کی تحریک شروع کر دی۔ اس کا کہنا تھا کہ معاشرے کو اس قسم کے آزاد خیال افراد کے نظریات و تصورات سے بچانا ضروری ہے، بالخصوص کچی عمر کے اذہان کو۔ "میں ایک صحت مند لڑکے یا لڑکی کو یہ ناول دینے کے بجائے زہریلی دوا دے کر مار ڈالنا پسند کروں گا۔ عام زہر تو آدمی کے جسم کو مار ڈالتا ہے لیکن غیر اخلاقی نظریات کا زہر آدمی کی روح کو ہی ختم کر کے رکھ دیتا ہے۔"

ڈگلس نے ناشرین کو مشورہ دیا کہ وہ اس کتاب کی اشاعت سے باز رہیں اور باز نہ آنے کی صورت میں وزارت داخلہ کو اس ضمن میں قدم اٹھانے کی ترغیب دلائی۔ ڈگلس کی خوش قسمتی سے وزارت داخلہ کے سربراہ اعلیٰ ایک ایسے قدامت پرست برطانوی تھے ،جنھوں نے اپنے دور وزارت میں شراب، جوا اور نائٹ کلبوں پر پابندی عائد کر دی تھی، صرف دو دن کے مطالعے کے بعد وزیر داخلہ ولیم جانسن ہکس نے اس ناول پر اپنا ردعمل ان الفاظ میں سنایا: "یہ ناول معاشرے کے لیے انتہائی نقصان دہ ہے اور اگر اس کے ناشر جوناتھن کیپ رضاکارانہ طور پر ناول کی اشاعت سے دستبردار نہیں ہوتے ہیں تو ہمیں مجبوراً ان پر فوجداری کا مقدمہ دائر کرنا پڑے گا۔"

ناشر کیپ نے ناول کی اشاعت روکنے کا اعلان تو کیا مگر خفیہ طور سے اس کے حقوق پیرس کے پیگاسس پریس کو lease پر فراہم کر دیے۔ پیگاسس پریس نے ناول کی ۲۵۰ کاپیاں برطانیہ کو روانہ کیں جنھیں وزیر داخلہ جانسن ہکس کے حکم پر ڈاور کی بندرگاہ پر روک لیا گیا لیکن پھر محکمہ کسٹمز کے سربراہ کو جب ناول میں کوئی خرابی نظر نہ آئی تو انھوں نے رکاوٹ اٹھالی۔ لیکن جیسے ہی یہ کتب ڈسٹری بیوٹر کے پاس پہنچیں ویسے ہی ناشر جوناتھن کیپ اور ڈسٹری بیوٹر لیوپاڈ ہل کو مقامی مجسٹریٹ کی عدالت میں حاضر ہونے کا حکم مل گیا۔

جوناتھن کیپ کے قانونی مشیر ہارولڈ روبنسٹن نے اس مقدمہ میں اپنے موکل کے موقف کو مضبوط جتانے کے لیے معاشرے کی مختلف معتبر و معروف ہستیوں کی مثبت دستخطی آرا حاصل کر لیں جن میں ورجینا وولف، ہنری فورسٹر، جولین ہکسلے، لارنس ہوسمین، ربی جوزف فریڈرک جیسے نام شامل تھے۔ مگر چیف مجسٹریٹ سر چارٹرس بائرن نے کہا: "جس موضوع پر فیصلہ دینے کا حق صرف عدالت کو حاصل ہے، میں نہیں سمجھتا کہ عوام کو ایسے موضوع پر اظہار رائے کی آزادی دی جاسکتی ہے۔"

دوسری طرف جب کیپ کے وکیل نے عدالت کو یہ جتانے کی کوشش کی کہ خواتین کے درمیان جن تعلقات کا ناول میں ذکر ہے، وہ محض تخیلاتی پیداوار ہیں، تو جہاں ایک طرف جج نے واضح کیا کہ وہ اس ناول کا مطالعہ کر چکا ہے، تو دوسری طرف مصنفہ نے تنہائی میں وکیل کو متنبہ کیا کہ وہ ایسی غلط بیانی سے باز رہے، کیوں کہ ناول میں نسوانی ہم جنسیت کا موضوع برتا نہیں گیا ہے۔ ہال کا کہنا تھا کہ اگر اس حقیقت کو دبایا یا چھپایا گیا تو وہ خود عدالت میں اپنے ناول کے اس موضوع کے حق میں بیان دے گی۔

فحاشی سے متعلق قانون "ہکلن ٹسٹ" کے زیر تحت جج بائرن نے فیصلہ دیا کہ ناول

کی ادبی حیثیت کا تعین غیر ضروری اس لیے ہے کہ بہترین ادبی انداز میں تحریر کی جانے والی کتاب بازاری انداز میں لکھی جانے والی کتاب سے کہیں زیادہ مضر ہوتی ہے۔ جج نے کتاب پر پابندی کی تائید میں فیصلہ دیتے ہوئے مدعاعلیہان کو عدالت کے اخراجات ادا کرنے کا بھی پابند کیا۔

امریکہ میں جب ناشر الفریڈ ناف نے برطانیہ میں ناول سے متعلق حالات کے مشاہدہ کے بعد اس کی اشاعت سے معذوری ظاہر کی تو جوناتھن کیپ نے ناول کے حقوق اس سے واپس لے کر پاسکل کو ویسی کے اشاعتی گھرانے کو دے دیے۔ لیکن ناول کی اشاعت کے بعد نیویارک پولیس نے اس کے ۸۶۵ نسخے فحش کتاب ہونے کے الزام میں ضبط کر لیے لیکن جب تک عدالت میں مقدمہ شروع کیا جاتا، ناول ایک لاکھ سے زیادہ کی تعداد میں فروخت ہو چکا تھا۔

گو کہ برطانیہ کی طرح نیویارک کی عدالت میں بھی ناول کو "ہکلین ٹسٹ" کے پیمانے سے جانچنے کا معیار مقرر کیا گیا تھا، لیکن نیویارک کے قانون میں یہ بات بھی شامل تھی کہ کسی کتاب کی فحاشی کے اثرات کا جائزہ بچوں کے بجائے بالغوں کے ذیل میں لیا جانا چاہیے اور کتاب کے ادبی معیار کو بھی مقدم رکھنا ضروری ہو گا۔ ۱۹ فروری ۱۹۲۹ کو اپنے عدالتی فیصلے میں مجسٹریٹ ہائیمن بشل نے ناول کی ادبی خصوصیت کو زیر غور لانے سے انکار کرتے ہوئے مقدمہ کو نیویارک کے خصوصی سیشن کورٹ کی جانب آگے بڑھا دیا۔ خصوصی سیشن کورٹ نے مکمل ناول کے نہایت محتاط مطالعے کے بعد اسے ہر قسم کے الزام سے بری کر دیا اور واضح کیا کہ یہ ناول ہر چند کہ ایک حساس سماجی مسئلے پر تحریر کیا گیا ہے لیکن اس نے کسی بھی قانون کی خلاف ورزی نہیں کی ہے۔ اسی طرح ریاست ہائے متحدہ امریکا کے محکمہ کسٹمز کی عدالت نے فیصلہ دیا کہ ناول کے کسی ایک لفظ، جملے، فقرے

یا پیراگراف سے غیر اخلاقی جارحیت کا اظہار نہیں ہوتا ہے۔

ریڈکلف ہال کی وفات کے تین سال بعد ۱۹۴۶ میں ونڈمل پریس کے ایک ذمہ دار نے جب وزارت داخلہ کے قانونی مشیر سے ناول کی دوبارہ اشاعت کے لیے اجازت طلب کی تو داخلہ سیکرٹری جیمس شوٹر ایڈی نے متنبہ کیا کہ دوبارہ اشاعت پر ناشر کو مقدمہ کا سامنا کرنا پڑ سکتا ہے۔ تاہم ۱۹۴۹ میں فالکن پریس نے کسی قانونی رکاوٹ کے بغیر ناول کی اشاعت عمل میں لائی اور اس کے بعد سے ناول مسلسل اشاعت پذیر ہوتا رہا حتیٰ کہ ۱۹۶۰ کے دوران صرف امریکا میں اس کے ایک لاکھ سے زائد نسخے طبع ہوئے اور ۱۴ زبانوں میں ناول کا ترجمہ عمل میں آیا۔

۱۹۷۲ میں فلیینر نے ماضی کے تنازعات اور مقدمات کا ایک سرسری جائزہ لیتے ہوئے کہا تھا کہ ہمیں حیرت ہے کہ کس طرح ایک معصوم سے ناول کا اسکینڈل بنایا گیا۔ واضح رہے کہ یہی ناول ۱۹۷۴ میں بی بی سی پر بھی پڑھ کر سنایا گیا۔

(۷) منطقۂ سرطان / ہنری ملر (۱۹۳۴)

The Tropic of Cancer – Henry Miller

امریکی ادیب اور مصور ہنری ملر (پ:۱۸۹۱، م:۱۹۸۰) کا ناول "منطقۂ سرطان" [The Tropic of Cancer] پہلی مرتبہ ۱۹۳۴ میں پیرس سے شائع ہوا تھا اور تین دہائیوں تک باضابطہ طور پر ریاست ہائے متحدہ امریکہ کی طرف سے ملک میں اس ناول کے داخلے پر پابندی عائد رہی۔ اس دوران کالج کے طلبا اس ناول کو باقاعدگی سے اسمگل کرتے رہے۔ حتیٰ کہ ایک امریکی ناشر گرووپریس نے ۱۹۶۴ میں اسے امریکا سے شائع کر دیا۔ ناول کے تقریباً دو ملین نسخے متعدد تقسیم کاروں کو روانہ کیے گئے تھے جس میں سے تین چوتھائی ملین نسخے ناشر کو واپس کر دیے گئے۔ وفاقی حکومت کی جانب سے ناول پر پابندی عائد نہ کرنے کے فیصلے کے باوجود کتاب فروخت کرنے والوں کو تقریباً ۴۰ فوجداری مقدمات میں ملوث کیا گیا، حتیٰ کہ مقامی افراد نے کتاب کی فروخت سے رضاکارانہ طور پر دستبردار ہو جانے کی دھمکیاں بھی دیں۔

۱۹۵۰ میں امریکن سول لبرٹیز کے ڈائرکٹر ارنسٹ بیسج نے امریکا میں ملر کے دونوں ناول (منطقۂ سرطان اور The Tropic of Capricorn) درآمد کرنے کی کوشش کی جس پر محکمہ کسٹم کے عہدیداروں نے کتابیں ضبط کر لیں۔ بیسج نے حکومت کے اس اقدام کے خلاف مقدمہ دائر کرتے ہوئے ہنری ملر کو ایک موقر قد آور اور معتبر ادیب ثابت کرنے کے لیے ادب کے ناقدین سے تقریباً ۱۹ بیانات دونوں ناولوں کی تائید میں درج کروائے لیکن مقدمہ کے جج لوئی گڈمین نے ان بیانات کو قابل قبول نہیں مانا۔ جج کا

کہنا تھا کہ: "میری رائے میں دونوں کتب میں فحاشی کا اثر غالب ہے۔ دونوں کتابوں میں ایسے طویل فقرے ہیں جو عریاں اور فحش خیالات سے لبریز اور نفسانی خواہشات کو فروغ دینے کا باعث بنتے ہیں۔ بہت ممکن ہے کہ کچھ ابواب کی ادبی قدر و قیمت ہو مگر ان فحش حصوں کی یقیناً کوئی ادبی اہمیت نہیں ہے اور نہ ہی یہ فحش پیراگراف، ناول کے ادبی حصوں سے کوئی خاص مطابقت رکھتے ہیں۔

۱۹۵۱ تک بھی یہ مقدمہ کسی جیوری کے بغیر جج لوئی گڈمین کی صدارت میں جاری رہا اور بیسج کی جانب سے ناول کی امتیازی ادبی خصوصیات پر مبنی ادبی ناقدین کے جائزوں کو پیش کیے جانے کے باوجود جج نے دونوں ناولوں کی مذمت کرتے ہوئے ان کے خلاف اپنا فیصلہ یوں سنایا: "جنسی اعضا کا واضح بیان اور جنسی افعال کے طور طریقوں اور تجربات کی طویل ترین وضاحت بذات خود شہوت رسانی کی تعریف میں داخل ہے۔ ناول کے یہ حصے اتنے فحش ہیں کہ اگر انھیں اس فیصلے میں بطور حوالہ یا اقتباس حاشیے میں درج کیا جائے تو خود یہ فیصلہ بھی فحش قرار پا سکتا ہے۔ ناول کے کچھ حصے جن میں عورتوں کے جنسی اعضا اور ان کے افعال کا بیان ہے، اس قدر معیوب ہیں کہ انھیں پڑھتے ہوئے کوئی بھی عام قاری ذہنی کوفت میں مبتلا ہو سکتا ہے۔ اگر ایسے ادب کو درآمد کیا جائے تو پھر یہ امر ہمارے مستحکم خاندانی معاشرتی اقدار اور انسانی تشخص کی عظمت کے زوال کا سبب بنے گا۔"

تاہم بیسج نے دوبارہ اکتوبر ۱۹۵۳ میں امریکا کی ایک گشتی عدالت میں اپیل کی لیکن "بیسج بمقابل حکومت امریکا" کے اس مقدمہ میں دونوں ناولوں کو متفقہ طور پر "فحش" ہی قرار دیا گیا۔ گشتی عدالت کے جج لی اسٹیفنس کا بیان تھا کہ دونوں ناول ناقابل اشاعت اور اخلاقی طور پر دیوالیہ خصوصیات کے حامل ہونے کے ساتھ ساتھ مجموعی طور پر کوئی

ادبی شناخت رکھنے سے بھی قاصر ہیں۔ ۱۹۶۲ سے ۱۹۶۴ کے دوران پانچ امریکی ریاستوں کنکٹی کٹ، فلوریڈا، الی نوائے، پینسلوانیا اور نیویارک نے "منطقۂ سرطان" کو فحش قرار دیا تھا، جب کہ تین دیگر امریکی ریاستیں کیلی فورنیا، میساچوسٹس اور وسکنسن نے اسے "غیر فحش" قرار دیا۔ بالآخر ۲۲ جون ۱۹۶۴ کو امریکی سپریم کورٹ نے "گرووپریس بمقابل ریاست فلوریڈا" والے مقدمہ میں ریاستی حکومت کے سابقہ فیصلے کو رد کرتے ہوئے ناول "منطقۂ سرطان" پر دائر کردہ فحاشی کے الزام کو ختم کر ڈالا۔ جسٹس ولیم برینان نے بیان دیا کہ :"جنسیت پر مشتمل وہ مواد جو ادبی یا سائنسی یا فنکارانہ اقدار پر تبادلہ خیال کرتے ہوئے سماجی اہمیت کو اجاگر کرتا ہو، اس پر نہ تو فحاشی کا الزام عائد کیا جا سکتا ہے اور نہ ہی اسے آئینی تحفظ کی خلاف ورزی باور کیا جائے گا۔"

(۸) طاقت و عظمت / گراہم گرین (۱۹۴۰)

The Power and Glory - Graham Green

برطانوی ادیب و نقاد گراہم گرین (پ:۱۹۰۴، م:۱۹۹۱) کے اس ناول کا عنوان دراصل اس دعا کے آخری الفاظ سے مستعار ہے جو گرجا کی مناجات میں دہرائے جاتے ہیں۔ یہ ناول امریکہ میں بھی "پرپیچ راستے (The Labyrinthine Ways)" کے عنوان سے شائع ہوا تھا۔ اور ٹائم میگزین نے ۲۰۰۵ میں سن ۱۹۲۳ کے سو بہترین ناولوں میں اس کو بھی شمار کیا ہے۔ ناول کا مرکزی خیال ۱۹۳۰ کے دوران میکسیکو میں جاری رومن کیتھولک چرچ اور جاگیردارانہ نظام کے درمیان کی کشمکش ہے۔ یہ ناول پشیمانی اور توبہ کے جذبوں سے معمور، تقدیس و عظمت کا وقار حاصل کرنے والے رومن کیتھولک چرچ کے ایک ایسے پادری کی کہانی کو بیان کرتا ہے جسے پورے ناول میں کہیں کوئی نام نہیں دیا گیا ہے۔

۱۹۴۹ میں جب ایک کیتھولک ناشر بن زگر نے اس ناول کے جرمن ترجمہ کی اشاعت کا بیڑا اٹھایا تب فرانس میں اس موضوع پر تنازع اٹھ کھڑا ہوا اور ایک سوئس پادری نے کلیسا سے اس معاملے میں مداخلت کی اپیل کی۔ پھر یہ تنازع آہستہ آہستہ اس حد تک آگے بڑھا کہ سارا یورپ ہی اس کی لپیٹ میں آ گیا۔ بالآخر اپریل ۱۹۵۳ میں رومی سلطنت نے دو ناقدین کو مقرر کیا کہ وہ اس ناول کا مفصل جائزہ لیں۔

پہلے تجزیہ نگار نے اطالوی زبان میں تجزیہ کرتے ہوئے کہا کہ اس کے لیے یہ کتاب ایک صدمہ کے برابر ہے۔ اس ناول کے مطالعے سے برہمی یا غیض و غضب کے بجائے

غم و اندوہ اور تاسف کے جذبات پیدا ہوتے ہیں۔ ناول کچھ ایسے عجیب و غریب تناقضات سے آراستہ ہے کہ یہ عصر حاضر کے تہذیب و تمدن میں جینے والے ایک شکستہ ذہن متذبذب اور مضطرب شخص کی کہانی محسوس ہوتی ہے۔ گو کہ ناول کے عنوان سے ایسا لگتا ہے کہ یہ کتاب خدا کی قوت و عظمت کو بیان کرے گی لیکن قنوطیت میں ڈوبی یہ ایک ایسی بنجر زمین ہے جس میں غیر مہذب یا غیر صالح شادی شدہ راہبوں کی غلط کاریوں کو بیان کیا گیا ہے۔ اس بنا پر اسے کوئی ادبی شاہکار قرار دینے میں ہمیں تردد ہے۔ کتاب پر پابندی یا اسے ہدف ملامت بنانے کا مشورہ درست نہیں ہو سکتا، کیوں کہ ایسی حرکت مصنف کی شہرت کو متاثر کرے گی، لہٰذا بہتر ہو گا کہ گراہم گرین کو اس کے علاقائی مذہبی رہنما نصیحت کریں اور نیکیوں کی ترغیب دلاتے ہوئے ایسی کتب لکھنے کی طرف توجہ دلائیں جن سے اس ناول کے غلط اثرات کا ازالہ ہو سکے۔

لاطینی زبان میں تحریر کردہ دوسرے تجزیہ نگار کا تجزیہ بھی پہلے تجزیہ نگار کی موافقت میں تحریر کیا گیا۔ دونوں تجزیہ نگاروں نے اس بات کا اعتراف ضرور کیا تھا کہ گراہم گرین برطانیہ کا صف اول کا ایسا ناول نگار ہے جس نے پروٹسٹنٹ مذہب سے دامن چھڑا کر کیتھولک مذہب میں پناہ لی تھی۔ لہٰذا نرم سے نرم انداز میں یہ کہا گیا کہ گراہم گرین کو اس قسم کا لٹریچر تحریر کرنے سے منع کیا جانا چاہیے جس سے ایک سچے مذہب (کیتھولک عیسائیت) کو نقصان پہنچنے کا اندیشہ ہو۔ ضروری ہے کہ مستقبل کی اپنی تحریروں میں وہ دوراندیشی سے کام لے۔

دلچسپ بات یہ رہی کہ یکم اکتوبر ۱۹۵۳ کو کلیسا کے رہنماؤں کو ایک خفیہ احتجاجی خط روانہ کیا گیا جو مقدس کلیسا کے سکریٹری کے نام معنون تھا۔ "کچھ سال قبل مجھے ایک ایسا ناول پڑھنے کا اتفاق ہوا جس کے مطالعے کی طرف توجہ دلاتے ہوئے ایک پادری نے مجھ

سے کہا تھا کہ یہ عصر حاضر کے رومانوی ادب کا ایک اہم شاہکار ہے۔ اور یقیناً وہ (ناول 'طاقت و عظمت') ایک ادبی شاہکار ہے۔ مجھے حیرت ہے کہ کس طرح اس کتاب کو ایک "صدمہ" کے مترادف قرار دیا گیا ہے، حالاں کہ مجھے لگتا ہے کہ ناول کی ادبی خصوصیت اور امتیاز کے احساس کے فقدان کے سبب ایسا تبصرہ کیا گیا ہے۔ جب کہ دوسری طرف ایک عام قاری مطالعے کے بعد رہبانیت کی مذمت نہیں بلکہ اس کی تعریف پر ہی مجبور ہو گا۔ لہٰذا میں یہ کہنے کی جسارت کروں گا کہ اس ناول پر کوئی منفی رائے قبول کرنے کے بجائے کسی اور ماہر نقاد کی رائے لی جائے، کیوں کہ مصنف اور خود ناول اب دنیا بھر میں اپنی ایک شناخت قائم کر چکا ہے۔" یہ رائے خود و ٹیکن کے اس عہدیدار گیووانی باتستا مونتینی کی تھی جو بعد میں ۱۹۶۳ میں پوپ پال ششم کے عہدے پر فائز ہوا۔

مونتینی کی تجویز پر گراہم گرین کا یہ ناول ایک معروف پادری گیوسپے ڈی لوکا کے پاس بھیجا گیا۔ ۳۰ نومبر کو ڈی لوکا نے اپنا تجزیہ مقدس کلیسا کو یوں روانہ کیا: "ماہرین کی رائے کے مطابق گراہم گرین اور ایولین واگھ ہمارے عہد کے دو ایسے معروف ناول نگار ہیں جس پر کیتھولک قوم کو بجا فخر ہونا چاہیے، کیوں کہ وہ ایک ایسے ملک میں رہے ہیں جہاں پروٹسٹنٹ تہذیب و ثقافت کا غلبہ ہے۔ ان کی ذہانت کا معیار عام پادری یا ناخواندہ قاری یا پیشہ ور افراد کی طرح نہیں ہے بلکہ معاصر دنیا کے اس اعلیٰ دانشور طبقہ سے ان کا تعلق ہے جو معاشرے پر بھرپور طریقے سے اثر انداز ہوتا ہے۔ یہ نہ تو الحاد اور رسوائی کا معاملہ ہے اور نہ ہی اس ناول کا تعلق علمائے دین یا اخلاق باختہ بدچلن افراد سے ہے بلکہ یہ معاملہ ایسے عظیم ادیبوں سے متعلق ہے جو بچوں کی طرح کبھی سادہ لوح دکھائی دیتے ہیں تو کبھی ڈھیٹ اور ضدی طبیعت کے۔ ان ادیبوں کو برا بھلا کہنا یا ان پر لعنت و ملامت کرنا ایک معنوں میں خود ہماری عزت و وقار کے لیے ایک دردناک دھچکے کے مترادف ہے۔

آج کے زمانے میں اس طرح کے عظیم ادیب انسانیت کی رہنمائی کا سبب ہیں جس پر ہمیں خدا کا مشکور ہونا چاہیے، کیوں کہ ایک ایسا ہی ادیب اس نے ہمارے درمیان بھیجا، خواہ وہ ہمارے لیے کتنا تکلیف دہ ہی کیوں نہ ہو۔ گراہم گرین کے معاملے میں جب ہمیں اس کا لہجہ سخت اور ترش محسوس ہوتا ہے تو یہ دراصل اس بات کا اعلان ہے کہ سخت دل لوگوں کو گناہ کی سنگینی کا احساس دلاتے ہوئے خدا کے وجود کا ادراک کرانا کس قدر اہمیت رکھتا ہے..."

لیکن اس تجزیے کی وصولی سے قبل ہی مقدس کلیسا نے اپنا منفی فیصلہ ۷ انومبر کو گراہم گرین کے پاس بھیج دیا تھا جس میں درج تھا کہ "آپ کیتھولک نقطۂ نظر کے تحت اپنی تصانیف میں تعمیری سوچ کو پروان چڑھائیں اور اپنے ناول 'طاقت و عظمت' میں مناسب رد و بدل کیے بغیر نہ اس کی دوبارہ اشاعت عمل میں لائیں اور نہ ہی اس کا کوئی ترجمہ شائع کیا جائے۔ "اس کے جواب میں گراہم گرین نے مقدس کلیسا کو نہایت مودبانہ انداز میں ایک خط یوں تحریر کیا: "میں نہایت ادب کے ساتھ چند حقائق آپ کی نظروں میں لانا چاہتا ہوں۔ مقدس کلیسا کی جانب سے ۱۶ انومبر ۱۹۵۳ کو تحریر کیا گیا ایک فیصلہ مجھے ۹ اپریل ۱۹۵۴ کو وصول ہوا۔ تاخیر کی وجہ شاید یہ رہی ہو کہ میں لندن سے باہر تھا۔ میں نہایت اصرار کے ساتھ یہ بات کہنا چاہتا ہوں کہ اپنی پوری عمر میں، میں نے کوئی لمحہ ایسا نہیں گذارا جب کیتھولک عیسائی طبقے کے پادریوں کے ساتھ اپنے قلبی تعلق کو محسوس نہ کیا ہو۔ میں واضح طور پر حکومت پائیوز دوازدہم [Pius XII] کی اعلیٰ روحانی خصوصیات سے متاثر ہوں اور آپ جانتے ہیں کہ میں نے ۱۹۵۰ کے مقدس سال میں خصوصی سامع کا اعزاز بھی حاصل کیا تھا۔ لہٰذا آپ سمجھ سکتے ہیں کہ جب میرے ناول 'طاقت و عظمت' پر مقدس کلیسا کی جانب سے نقد و اعتراض کیا گیا تو میری پریشانی کا کیا

حال ہوا ہو گا؟ حالاں کہ اس ناول کا مقصد شعائر مقدسہ کی طاقت کے مقابلے میں مقدس کلیسا کو بقائے دوام عطا کرنا تھا اور ساتھ ہی ساتھ کمیونسٹ ریاست کی دنیاوی طاقت کو عارضی حیثیت میں جتانا تھا۔ حقیقت یہ ہے کہ یہ کتاب آج سے ۱۴ سال پہلے شائع کی گئی تھی اور اب اس کے حقوق میرے ہاتھوں سے نکل کر مختلف ممالک کے ناشرین کے پاس جا چکے ہیں۔ ان سب کے نام اور پتے میں آپ کو بھیج رہا ہوں۔ میں آپ کو یقین دلاتا ہوں کہ میں آج بھی آپ کا عاجز اور وفاشعار خادم ہوں۔ گراہم گرین"

اس خط کے تحریر کیے جانے کے تین ہفتوں بعد مقدس کلیسا نے معذرت کے ساتھ گراہم گرین کے ناول "طاقت اور عظمت" پر اپنی تنقید اور اعتراض کو واپس لے لیا۔

(۹) لولیتا/ ولادمیر نابوکوف (۱۹۵۵)

Lolita – Vladimir Nabokov

روس کے ہمہ لسانی ادیب و شاعر ولادمیر نابوکوف (پ:۱۸۹۹، م:۱۹۷۷) کا ۱۹۵۵ میں تحریر کردہ ناول "لولیتا" اس کے اہم اور مقبول ترین ناولوں میں شمار ہوتا ہے۔ البرٹ برونی کی ماڈرن لائبریری (امریکا) کی طرف سے جب بیسویں صدی کے ۱۰۰ بہترین ناولوں کا انتخاب کیا گیا تو "لولیتا" نے اس فہرست میں چوتھا مقام حاصل کیا۔ لولیتا جو سب سے پہلے انگریزی میں تحریر کی گئی، لٹریچر کے ایک ادھیڑ عمر محقق پروفیسر کی داستان حیات تھی جو اپنی ۱۲ سالہ سوتیلی بیٹی کے ساتھ ناجائز تعلقات قائم کرتا ہے۔ "لولیتا" دراصل پروفیسر کی جانب سے اپنی معشوقہ کو دی گئی عرفیت ہے۔ نابوکوف کی ساری کوشش یہی رہی تھی کہ ایک نامعلوم مصنف کے طور پر اس ناول کو بین الاقوامی سطح پر شائع کیا جائے تاکہ نیویارک کی کارنیل یونیورسٹی میں بحیثیت پروفیسر، اس کے باوقار عہدے پر کوئی حرف نہ آئے لیکن نابوکوف کے نمائندے کو ہر جگہ ناکامی کا سامنا کرنا پڑا۔ کچھ امریکی ناشرین نے ناول کے موضوع کو بالکلیہ مسترد کر دیا تو دوسروں نے معنی خیز خاموشی اختیار کی۔ پینگوئین گروپ کے معروف اشاعتی ادارہ "وکنگ پریس" کے پاسکل کوویسی نے اپنے تجزیے کے مطابق دعویٰ کیا کہ: "اس ناول کی اشاعت کے بعد قارئین کی ایک کثیر تعداد اسے ایک فحش ناول ہی قرار دے سکتی ہے"۔ جب کہ نیویارک ہی کے ایک دوسرے اشاعتی ادارے "نیو ڈائرکشنز" کے جیمس لافلین نے اسے مسترد کرنے کے ساتھ ساتھ متنبہ بھی کیا کہ ناول کی اشاعت کے بعد مصنف اور

ناشر دونوں کو سخت منفی رد عمل کا سامنا کرنا پڑ سکتا ہے۔ جیمس لافلین نے یہ مشورہ بھی دیا کہ اس ناول کو فرانس سے شائع کروایا جائے۔ اس کے باوجود نابوکوف نے ہار نہیں مانی اور ناول کا مسودہ فرار پبلشنگ کمپنی (نیویارک) اور ڈبل ڈے پبلشرز (نیویارک) کو روانہ کیا، جسے دونوں اشاعتی اداروں نے مسترد کر دیا۔ آخر کار نابوکوف کا نمائندہ جب مسودے کو اولمپیا پریس (پیرس) لے گیا تو اولمپیا پریس والوں نے ۱۹۵۵ میں اس ناول کو دو جلدوں میں شائع کیا۔ جیسے ہی ناول شائع ہوا، اس پر غیر مہذب اور فحش ہونے کا الزام عائد کر دیا گیا لیکن نابوکوف نے اس الزام کو مسترد کرتے ہوئے اسے ایک طربیہ ناول قرار دیا۔

حکومت فرانس نے دسمبر ۱۹۵۶ میں اس ناول پر پابندی عائد کر دی، جس پر اولمپیا پریس کے مالک ماوریس گرودیاس نے اس پابندی کے خلاف احتجاج کرنے کے لیے نابوکوف سے تعاون طلب کیا لیکن نابوکوف کا یک سطری جواب تھا: "اس پابندی کے خلاف میری طرف سے اخلاقی دفاع بس یہی ناول ہے!"

حالاں کہ بعد میں نابوکوف نے ایک تفصیلی دفاعی مضمون تحریر کیا جو بطور ضمیمہ ناول کے امریکی ایڈیشن میں شامل کیا گیا تھا۔ نابوکوف کی طرف سے اس دفاع کا لب لباب یہ تھا کہ: "قارئین ناول کے اصل مقصود کو سمجھنے سے معذور رہے ہیں۔ اس میں شک نہیں کہ اشارے کنایوں میں جسمانی تعلقات کا اظہار ہوا ہے لیکن بہرحال پڑھنے والے نہ تو کوئی بچے ہیں، نہ ناخواندہ اور کم عمر خطاکار نوجوان ہیں اور نہ ہی انگریزی پبلک اسکولوں کے ایسے ناتجربہ کار اسکولی طلبا ہیں جو غیر سنسر شدہ کتب کے مواد کو سمجھنے اور برداشت کرنے کی اہلیت نہیں رکھتے۔"

اولمپیا پریس نے پیرس کے ایڈمنسٹریٹیو ٹریبونل میں ۱۹۵۷ میں دائر کیے گئے مقدمہ میں جب فتح حاصل کی تو جنوری ۱۹۵۸ میں "لولیتا" کو فروختگی کے لیے دوبارہ پیش

کیا گیا۔ لیکن بدقسمتی سے اس وقت کی مقامی حکومت کے انہدام کے بعد جنرل چارلس نے اقتدار حاصل کیا تو دسمبر ۱۹۵۸ میں وزیر داخلہ کی اپیل پر فرانس کی سب سے بااختیار عدلیہ نے ناول پر دوبارہ ایسی پابندی عائد کر دی کہ اس کے خلاف کوئی اپیل بھی نہ کی جا سکے۔ لیکن پھر یہ ہوا کہ فرانس ہی کے ایک معتبر اشاعتی ادارہ گالی مارڈ نے "لولیتا" کو فرانسیسی زبان میں منتقل کر کے اپریل ۱۹۵۹ میں شائع کیا۔ اس واقعے نے اولمپیا پریس کو دوبارہ عدالتی کیس داخل کرنے پر مہمیز کیا اور یوں اولمپیا پریس نے فرانسیسی حکومت پر دہرے معیار کا الزام (فرانسیسی زبان کے ایڈیشن کی اجازت اور انگریزی زبان کے ایڈیشن پر پابندی) عائد کرتے ہوئے کہا کہ شہریوں کے مساواتی حقوق کی اس طرح پامالی کی گئی ہے۔ بالآخر انگریزی ایڈیشن کو بھی ستمبر ۱۹۵۹ میں فروخت کرنے کی اجازت حاصل ہو گئی۔

برطانوی محکمہ کسٹمز نے "لولیتا" پر اسی سال ۱۹۵۵ میں پابندی عائد کی جس سال معروف ادیب گراہم گرین (مصنف "پاور اینڈ گلوری") نے روزنامہ سنڈے ٹائمز میں "لولیتا" کو سال کی اپنی تین پسندیدہ ترین کتب میں شامل بتایا، جس پر سخت ردعمل ظاہر کرتے ہوئے معروف صحافی جان گورڈن نے "لولیتا" پر یوں تبصرہ کیا کہ اس ناول کو بغیر کسی شک و شبہ کے، گھٹیا، گھناؤنا اور فحش نگاری کی اعلیٰ مثال قرار دیا جا سکتا ہے۔ حالاں کہ بے شمار برطانوی ناشرین اس کے حقوق خریدنے کے آرزومند تھے، لیکن انھیں فحش نگاری کی اشاعت سے متعلق اس قانون کے لاگو ہونے کا بھی انتظار تھا جس کے مطابق اگر کسی کتاب پر مقدمہ چلایا جائے تو اس پر کسی فیصلے سے قبل اس کی ادبی حیثیت کو بھی مدنظر رکھا جانا ضروری امر ہو گا۔ اگرچہ عوامی مبصرین کا اصرار تھا کہ اگر اس ناول پر ذرا سا بھی شبہ ہو کہ اس کے ذریعے کسی ایک بھی نوعمر لڑکی کو گناہ کی ترغیب مل سکتی ہے تو

ایسے ناول کو انگلینڈ سے شائع کرنے پر پابندی لگائی جانی چاہیے۔ برطانوی پارلیمنٹ کے قدامت پسند اراکین نے رکن پارلیمنٹ نائجل نکولسن پر زور دیا کہ وہ بحیثیت پبلشر ناول کو شائع کرنے سے باز رہیں ورنہ ان کی اپنی سیاسی جماعت کا عمومی تاثر خراب ہو گا۔ کہا جاتا ہے کہ اسی ناول کے سبب رکن پارلیمنٹ نائجل نکولسن دوسری بار کے الیکشن میں شکست سے دوچار ہوئے۔

برطانوی صورتحال کے عین برعکس امریکی محکمہ کسٹمز نے "لولیتا" کو قابل اعتراض نہیں گردانا اور فروری ۱۹۵۷ میں اسے اپنے ملک میں قانونی طور سے درآمد کرنے کی اجازت دے ڈالی۔ ہرچند کہ فرانس نے اپنے ملک سے "لولیتا" کو برآمد کرنا قانوناً ممنوع قرار دیا تھا لیکن جن لوگوں نے اس ناول کو امریکہ اسمگل کیا، وہ قانونی طور سے امریکہ میں ناول کو درآمد کرنے کے مجاز ٹھہرے۔ کسٹمز حکام کی اجازت کے باوجود امریکی ناشرین اسے اپنے ہاں شائع کرنے کے تعلق سے ہچکاہٹ کا شکار رہے لیکن پھر بھی ۱۹۵۸ میں جی۔ پی۔ پوتنام کے فرزندان نے اس کی اشاعت کا بیڑہ اٹھانے کی جرأت دکھائی۔ بہرحال اگلے سال ۱۹۵۹ میں اس ناول پر سے برطانیہ اور فرانس نے پابندی اٹھالی لیکن اس کے باوجود امریکی ریاست سنسناٹی کی پبلک لائبریری کے عہدیداران نے اسے اپنی لائبریری میں شامل کرنے سے معذوری کا اظہار کیا۔ لائبریری ڈائرکٹر کا کہنا تھا کہ ان کے نزدیک ناول کا فحش موضوع قارئین کو گمراہی کی جانب دھکیل سکتا ہے۔

۱۹۵۹ میں "لولیتا" پر ارجنٹائین میں بھی غیر اخلاقی انتشار پسندی کے الزام کے ساتھ پابندی عائد کی گئی تھی۔ جب کہ جنوبی افریقہ میں ۱۹۷۴ میں فحش نگاری کے زیر الزام پابندی لگائی گئی، بعدازاں قومی اشاعتی ڈائرکٹوریٹ نے ۱۹۸۲ میں "لولیتا" کی اشاعت کی عام اجازت دے ڈالی تھی۔

نیوزی لینڈ کی وزارت نے ۱۹۶۰ میں ۱۹۱۳ کے کسٹمز قوانین کے تحت "لولیتا" کو اپنے ملک میں درآمد کرنے پر پابندی عائد کر دی تھی، جس کا مقابلہ کرنے کی خاطر کونسل برائے شہری آزادی نے ناول کے چھ نسخے درآمد کیے اور سپریم کورٹ میں اس پابندی کے خلاف مقدمہ دائر کر دیا۔ عدالت کے ججوں نے مشاہدہ کیا کہ نیوزی لینڈ کا محکمہ کسٹم کچھ ایسی کتابوں کو درآمد کرنے کی اجازت دیتا ہے جو چند مخصوص طبقہ جات یا کچھ مخصوص شخصیات کے مطالعے میں آئیں، لہٰذا اسی بنیاد پر ججوں کو یہ فیصلہ دینے میں کوئی ہچکچاہٹ نہیں ہوئی کہ تعلیم یافتہ طبقہ کے لیے "لولیتا" کو درآمد کرنے کی اجازت دی جاسکتی ہے۔ جسٹس ہچین نے اپنے فیصلے میں یہ بھی کہا کہ اس ناول کا بنیادی مقصد فحاشی کا فروغ نہیں ہے۔

(۱۰) برہنہ ظہرانہ / ولیم برف (۱۹۵۹)

Naked Lunch – William Burroughs

امریکی ناول نگار اور شاعر ولیم برف (پ:۱۹۱۴، م:۱۹۹۷) کے اس ناول کو تاریخی اعتبار سے یہ اعزاز حاصل ہے کہ فحش قرار دیا جانے والا یہ آخری ناول تھا جو امریکہ میں عدالتی کاروائی کا شکار ہوا۔

۱۹۶۳ میں امریکی کسٹم عہدیداروں نے ۱۹۳۰ کے ٹیرف ایکٹ کے زیر تحت اس ناول کی کاپیاں فحش مواد ہونے کے سبب ضبط کر لی تھیں۔ اگرچہ ۱۹۶۵ کے لاس اینجلس مقدمہ میں یہ ناول فحاشی کے مقدمہ سے بری الذمہ قرار دیا گیا تھا مگر اسی سال بوسٹن کی عدالت میں اسے فحش قرار دیتے ہوئے اٹارنی جنرل نے ریمارک کیا کہ یہ ناول ردی کی ٹوکری میں جگہ پانے کا حقدار ہے۔

ناول کی معیاری ادبی حیثیت پر گواہی کے لیے معروف ادیبوں نارمن میلر، ایلن گنس برگ اور جان کیارڈی کو عدالت میں طلب کیا گیا تھا مگر جج یوجین ہڈسن ان کے دلائل سے مطمئن نہ ہو سکے اور اپنے فیصلے میں کہا کہ یہ ناول فحش اور غیر اخلاقی ہونے کے ساتھ ساتھ سماجی اقدار سے کھلواڑ کرتے ہوئے فحاشی کو فروغ دینے کا باعث بھی ہے۔ وکیل دفاع کی جانب سے اس دعویٰ کے باوجود کہ یہ ناول سماجی اور سائنسی قدروں کی اہمیت کا حامل ہے، جج ہڈسن نے ناول کو ردی کی ٹوکری کے قابل قرار دیتے ہوئے ناول نگار کو انفرادی طور پر کسی ذہنی بیماری کا شکار فرد بھی کہہ ڈالا۔

اکتوبر ۱۹۶۵ کے دوران امریکی ریاست میساچوسیٹس کی عدالت میں جب اپیل کی

گئی تو عدالت نے تسلیم کیا کہ یہ ناول سخت جارحانہ مزاج کا حامل ہے اور خود اس کے مصنف نے قبول کیا ہے کہ اس کا ناول فحش، سفاک اور قابل نفریں مواد پر مشتمل ہے۔ اس کے باوجود عدالت نے معروف ادیب و ناقدین کے تبصروں کا مفصل جائزہ لینے کے بعد ے جولائی ۱۹۶۶ کو ناول کے حق میں سازگار فیصلہ سناتے ہوئے ناول کے فحش ہونے کا انکار کیا۔ عدالت نے ناول کی فروختگی کی اجازت تو دی مگر اس کے حق میں کی جانے والی اشتہار بازی کو ممنوع بھی قرار دے دیا۔

***

مکرم نیاز کی دو کتابیں

راستے خاموش ہیں

(منتخب افسانے)

فلمی دنیا: قلمی جائزہ

(تبصرے / تجزیے)

بین الاقوامی ایڈیشن درج ذیل معروف بک اسٹورس پر دستیاب ہیں

Amazon.com

Walmart

Barnes & Noble